LA INSURGENCIA
EN PÉNJAMO 1810-1821

MARCIAL TRUJILLO MACÍAS

Número de Control de la Biblioteca del Congreso
de EE. UU.:   2012914623
ISBN: Tapa Blanda   978-1-4633-3599-1
               Libro Electrónico   978-1-4633-3600-4

Portada: monumento a Miguel Hidalgo en Corralejo de Hidalgo, Mpio. de
          Pénjamo, Gto.
Fotografía de David Villanueva Cervantes

Para pedidos de copias adicionales de este libro, por favor contacte con:
Palibrio
1663 Liberty Drive, Suite 200
Bloomington, IN 47403
Llamadas desde los EE.UU. 877.407.5847
Llamadas internacionales +1.812.671.9757
Fax: +1.812.355.1576
ventas@palibrio.com
419015

PRÓLOGO

LA HISTORIA QUE hemos aprendido está dividida en dos bandos, como en las películas de policías y ladrones: los buenos y los malos. Pero ¿quién hizo semejante división?, ¿quién catalogó a todos aquellos seres involucrados en los hechos que han forjado el México de hoy?, ¿por qué hay héroes a quienes se les han perdonado sus errores e incluso actos indignos?, y en el bando contrario, a los villanos que con sus acciones atentaron la integridad nacional, ¿por qué han arrancado de la memoria histórica actos de digno patriotismo?

Dicen que la historia la escriben los vencedores, aunque sin vencidos, no habría nada que escribir. El error es ver a la historia como lanzar una moneda al aire, donde sólo hay dos opciones: águila o sol. La riqueza histórica de un país no debe estar sujeta a estadísticas oficiales, debe ser incluyente con todo suceso del pasado.

Hablar de historia de México es hablar en muchos de los casos de acontecimientos de trascendencia universal, por lo que es comprensible la alternativa de los mismos. Pero ¿existe rectitud en el cónclave donde se decide la guía histórica de los futuros ciudadanos mexicanos?

Lo anterior, sólo como referencia de las condiciones reales de la historia de México, tanto asignatura escolar, como cultura general, por lo que vayamos al por qué de este libro.

"La Insurgencia en Pénjamo: 1810-1821" es un libro que parte de la obra "Pénjamo en la Guerra de Independencia", la que bien podría ser una segunda edición, pero ya que incluye un capítulo dedicado a Miguel Hidalgo, así como nueva información que complementan algunos capítulos, se decidió fuera una publicación distinta.

Retornando al contenido, representó una búsqueda intensa con el objetivo de rescatar cuanto suceso relacionado con el municipio de Pénjamo, penjamenses, y el movimiento libertador.

Gran sorpresa cuando encuentro la palabra Pénjamo a lo largo de los once años de lucha por la Independencia, más aun, cuando hay acontecimientos trascendentales que a criterio personal deberían tener un lugar en la historia que se aprende durante la vida escolar.

Para 1810, este pueblo ubicado en la falda de un cerro, como dice la canción de Joaquín Pardavé, era un punto importante de la intendencia de Guanajuato, lo demuestra la carta que envió Juan Antonio Riaño, avisando a los españoles de Pénjamo y San Pedro Piedra Gorda (hoy ciudad Manuel Doblado), que se protegieran, ya que había estallado un movimiento en contra de la corona española. Esto mientras se preparaba en la alhóndiga de Granaditas para contener el ataque de las fuerzas de Hidalgo.

Hay varios eventos que sólo se mencionan en unas cuantas palabras, no encontrando más información sobre los mismos. Tal es el caso del levantamiento en armas del padre Anacleto Francisco de Torres en Angamacutiro, quien realizó una expedición por Pénjamo y La Piedad.

En fin, no se trata de cambiar la historia, tampoco de ocultarla, sino de conocer aquellos aspectos complementarios que han quedado en el olvido por cuestiones políticas o por capricho de historiadores.

Capítulo 1

MIGUEL HIDALGO Y COSTILLA

Miguel Gregorio Antonio Ignacio nació el 8 de mayo de 1753 en la hacienda de Corralejo, Mpio. de Pénjamo en el estado de Guanajuato. Sus padres fueron don Cristóbal Hidalgo y Costilla y doña Ana María Gallaga, quienes se habían casado en la parroquia de Pénjamo el 15 de agosto de 1750.

Aprendió las primeras letras en la propia hacienda. Cuando tenía 12 años fue enviado a Valladolid (hoy Morelia) donde junto con su hermano mayor

Joaquín fueron inscritos en el colegio de San Francisco Xavier, que pertenecía a la Compañía de Jesús.

Dos años después, al cerrar el colegio por la expulsión de los jesuitas de la Nueva España, los hermanos Hidalgo regresaron a Corralejo, pero meses después retornaron a Valladolid a matricularse en el colegio de San Nicolás Obispo.

En 1770 la Real y Pontificia Universidad de México le otorga el grado de bachiller en Artes y cuatro años después el grado de bachiller en Teología.

En 1777 Miguel es ordenado como presbítero, pero como abundaban los sacerdotes en Michoacán, es enviado al Colegio de San Nicolás para desempeñarse como catedrático, posteriormente es nombrado rector en 1788.

Cuatro años después es promovido al curato de Colima, de allí pasó a la villa de San Felipe (hoy San Felipe Torresmochas) en el estado de Guanajuato.

Al llegar, se establece en la casa ubicada en la calle de la Alcantarilla (hoy Museo Casa de Hidalgo en la calle Hidalgo), le acompañan su hermano Mariano sus medias hermanas (hijas del último matrimonio de su padre) Guadalupe y Vicenta, y su primo José Santos Villa, quien por cierto era músico. José Luis Lara Valdés en su obra "Casa de Hidalgo en San Felipe, Gto. La Francia Chiquita", menciona que la casa en cuestión fue conocida como "La Francia Chiquita", ya que fue en ese inmueble donde Hidalgo tradujo y/o leyó obras prohibidas de Voltaire, Rousseau, comedias de Moliere, tragedias de Racine, así como periódicos revolucionarios.

A la muerte de su hermano Joaquín, quien era cura del pueblo de Dolores, Miguel solicitó su cambio a dicha parroquia, de la cual tomo posesión el 3 de octubre de 1803.

Tiempo después, a principios de 1810, Hidalgo es invitado a reunirse a la conspiración, la cual disfrazada de tertulias literarias, organizaban el corregidor de Querétaro Miguel Domínguez y su esposa Josefa Ortiz y a las que entre otros, asistían Ignacio Allende y Juan Aldama.

Cuando dicha conspiración es descubierta en la ciudad de Querétaro, Doña Josefa manda avisar a Allende, quien ya había sido enterado previamente y había partido al pueblo de Dolores. Al ser informado Aldama, decide partir para reunirse con Hidalgo y Allende.

En la madrugada del 16 de septiembre de 1810, Hidalgo consideró que la única opción era lanzarse a la lucha. Por lo que siendo domingo, llamó a misa, pero una vez reunidos los fieles les habló de las condiciones tan inhumanas en las que vivían, les habló de ¡Muera el mal gobierno!, pero también de ¡Viva Fernando Séptimo! La palabra independencia no fue mencionada en aquella mañana.

La toma de la Alhóndiga de Granaditas significó el inicio de ruptura en la relación entre Miguel Hidalgo e Ignacio Allende, quien se oponía a la falta de disciplina que mantenía el generalísimo, ya que los actos vandálicos cometidos contra los españoles en San Miguel el Grande (hoy San Miguel de Allende) y Celaya, no fueron nada comparables con los cometidos con los pobres infelices enclaustrados en la alhóndiga, una orgía de sangre incontrolable por la chusma que conformaba el ejército insurgente.

Pero la gota que derramo el vaso fue la negativa de Hidalgo de tomar la ciudad de México después de haber triunfado en la batalla del Monte de las Cruces (municipio de Ocoyoacac, Estado de México). Victoria que representó mayor número de muertos y heridos del lado insurgente, pero la retirada del ejército español.

Poco menos de la mitad de la tropa insurgente deserta en el camino de regreso, ya que muchos se habían alistado sólo por la rapiña que esperaban en la capital. Al encontrase cerca del pueblo de San Jerónimo Aculco (hoy Aculco de Espinosa, Estado de México) las tropas de Félix María Calleja les hicieron frente y casi sin combatir derrotan a las huestes de Hidalgo.

Después de la derrota, Hidalgo parte hacia Valladolid, prácticamente sólo, mientras que Allende parte a Guanajuato en compañía del cuerpo de oficiales y lo que quedó del ejército.

Posteriormente en Guanajuato, Allende y un reducido grupo logran escapar ante la recuperación de la ciudad por parte de Calleja, mientras que Hidalgo es nombrado Alteza Serenísima en Guadalajara, donde recibió a los vencidos como si nada hubiera pasado.

Guadalajara, testigo silencioso del intento de envenenar a Hidalgo por parte de Allende y lugar donde se decidió que fuera el Puente de Calderón para combatir a los destacamentos de Calleja y de José de la Cruz.

José Manuel Villalpando en su libro "Miguel Hidalgo", menciona que tan seguro estaba Hidalgo de la victoria que dijo iba a: "almorzar en el Puente de Calderón, a comer en Querétaro y a cenar en México", la razón, contaba con aproximadamente 100,000 hombres, en tanto que eran sólo 6,000 los realistas que combatirían.

La explosión que causó una granada realista sobre una carreta con municiones en el bando insurgente, provocó que la muchedumbre de Hidalgo corriera atemorizada. Si a lo anterior le añadimos la estrategia efectiva de Calleja, el triunfo nuevamente fue para las fuerzas de la corona.

Ante el descalabro sufrido, los insurgentes partieron dispersos hacia el norte, pero al concentrarse en la hacienda de Pabellón (ubicada en Rincón de Romos, Mpio. de Aguascalientes), Allende despojó del mando político y militar a Hidalgo, dejándolo prácticamente en calidad de prisionero y con orden de matarlo si intentaba fugarse.

Allende determinó que junto con Ignacio Aldama, Mariano Jiménez, un pequeño contingente y llevando con ellos a Hidalgo, partirían a los Estados Unidos de América en busca de armas y ayuda. Por lo que dejó el mando de las tropas insurgentes a Ignacio López Rayón, cargo que previamente había rechazado Mariano Abasolo, quien solicitó unirse al grupo migrante.

En Acatita de Baján (ubicada en Castaños, Mpio. de Coahuila), sufrieron la traición de Ignacio Elizondo, fueron hechos prisioneros y enviados a Chihuahua.

Estando en prisión fue degradado, privándolo de todos los beneficios y oficios eclesiásticos y mientras esperaba sentencia, tocaba el violín, leía la biblia y nunca perdió el apetito. Se ganó además, el afecto de sus carceleros, el cabo Miguel Ortega y el carcelero Melchor Guaspe. Jesús Díaz de león en su obra "La Prisión de Hidalgo", menciona que la víspera de morir, pidió un carboncillo y como agradecimiento les escribió unos versos en la pared:

Ortega, tu crianza fina,
Tu índole y estilo amable,
Siempre te harán apreciable,
Aún en gente peregrina.
Tiene protección Divina

La piedad que has ejercido

Con un pobre desvalido

Que mañana va a morir.

Y no puede retribuir

Ningún favor recibido.

Melchor, tu buen corazón

ha adunado con pericia,

Lo que pide la justicia

Y exige la compasión;

Das consuelo al desvalido

En cuanto te es permitido,

Partes el postre con él

y agraecido Miguel

Te da las gracias rendido.

Todo terminó aquel amanecer del 30 de julio de 1811, cuando Pedro Arméndariz, Teniente de Presidio, Comandante del Segundo Escuadrón de Caballería de Reserva, y Vocal de la Junta de Guerra, dio la orden al pelotón de 12 soldados para que abrieran fuego sobre Miguel Hidalgo. Su cabeza fue cortada y depositada en una jaula, la cual estuvo colgada en una esquina de la Alhóndiga de Granaditas hasta la consumación de la indepenedencia.

Capítulo 2

EL TESORERO DEL EJÉRCITO

Del matrimonio de don Cristóbal Hidalgo y Costilla con doña Ana María Gallaga Mandarte Villaseñor y Lomelí, nacieron cinco hijos varones, quienes por orden de nacimiento fueron: José Joaquín, Miguel Gregorio Antonio Ignacio, Mariano, José María y Manuel Mariano, por quien murió doña Ana al dar a luz.

El presente capítulo está dedicado al tercer hijo de la familia Hidalgo y Costilla Gallaga, Mariano.

Nacido en Corralejo en 1756, donde realizó sus primeros estudios, pasando luego al colegio de San Nicolás en Valladolid (hoy Morelia), en el que debió permanecer muy corto tiempo, ya que no hay registro en los libros de la universidad de que se haya graduado.

Mariano nunca se casó, siempre vivió con su hermano el cura don Miguel, ejerciendo las funciones de administrador de los talleres establecidos por este último. En la casa también vivían sus medias hermanas Guadalupe y Vicenta, así como su pariente José Santos Villa.

Alrededor de las 2 de la mañana del 16 de septiembre de 1810, Juan Aldama e Ignacio Pérez, quien había sido el enviado de doña Josefa Ortiz de Domínguez, llegaron a la casa de Hidalgo buscando a Ignacio Allende. Al estar los cuatro juntos, Aldama dice que hay orden de aprehensión en contra de ellos dos, militares al servicio de la corona española. Los implicados se amedrentaron y pensaron en huir, pero Hidalgo con total serenidad, se levantó de su asiento y dijo: "Señores, veo que estamos perdidos y que no queda más recurso que ir a coger gachupines." Ante lo cual, Aldama se opuso: "señor, ¿qué va a hacer? Por amor de dios, vea usted lo que hace."

Para entonces, ya se habían reunido al grupo, entre otros: Mariano Hidalgo, el padre Balleza y José Santos Villa.

Las palabras de Aldama quedaron en el aire, ya que Hidalgo impuso su carácter, nombró comisiones, refutó argumentos y puso manos a la obra. Cobijados por las sombras de la noche, salieron de la casa de Hidalgo 6 jefes (uno de ellos era Mariano) y 30 soldados hacia la cárcel para dar libertad a los reos y formar con ellos el primer contingente del ejército nacional.

Isauro Rionda Arreguín en su obra "Don Miguel Hidalgo y Costilla en la intendencia de Guanajuato", menciona que a Mariano y a José Santos Villa les tocó, auxiliados por el pueblo armado, detener al resto de los españoles radicados en el pueblo de Dolores, en número de dieciocho, quienes también fueron llevados a la cárcel.

Eran las 5 de la mañana cuando Mariano tomó parte en el pronunciamiento en el atrio de la parroquia de Dolores, junto a su hermano, el cura Miguel Hidalgo, quien tomando en cuenta su experiencia financiera lo nombró tesorero del ejército.

Poco tiempo después, la plaza que preside la parroquia y convento de San Francisco de la ciudad de Acámbaro, Gto., se convirtió en cuartel general del ejército insurgente la mañana del día 22 de octubre de 1810, en la que se observa a 80,000 hombres que se ubican en posición de recibir instrucciones.

La razón de esta concentración fue que Miguel Hidalgo y los principales caudillos se habían dado cuenta de la necesidad de organizar adecuadamente la tropa, y de nombrar un gobierno cívico-militar, pensando en la nación que se pretendía. Por lo que se acordó otorgar nombramientos, siendo los más importantes el de Generalísimo de la Nación Americana para el cura Hidalgo, y el de Capitán General de la Nación Americana para Ignacio Allende. En ése mismo acto, es nombrado oficialmente Tesorero del Ejército, Mariano Hidalgo y Costilla.

El parentesco con el iniciador del movimiento, así como las funciones que desempeñaba, fueron factor determinante en la designación del cargo. Pero no fue una comisión fácil, puesto que exigía un arduo trabajo, ya que administrar el dinero recaudado para la manutención del ejército, específicamente, el pago de sueldos considerando el número de soldados y las diferentes categorías, requería de un trabajo eficiente.

Después de que Allende despojara del cargo a Hidalgo y durante su marcha hacia los Estados Unidos de América, se detuvieron en la hacienda de San Pedro en Tlacotes, Mpio. de Guadalupe, Zac., en cuyo lugar Mariano es destituido del cargo de tesorero por órdenes de Allende, dejando en su lugar a José Solís.

Los jefes insurgentes continuaron su marcha, pero al pasar por Acatita de Bajan en Coahuila, sufrieron la traición de Elizondo, quien los hizo prisioneros llevándolos a Monclova el día 21 de marzo de 1811.

En el hospital de Monclova, Mariano estuvo preso hasta el día 26, luego fue trasladado a Chihuahua con los demás prisioneros bajo la custodia del teniente coronel Manuel Salcedo.

En Chihuahua, ocupó el calabozo número 12, del hospital del colegio de Jesuitas, mientras se llevaba el trámite de su causa. Posteriormente y habiendo sido condenado a la pena de muerte, fue fusilado por la espalda, al considerársele traidor a la corona española, el día 6 de junio de 1811 en la plaza de los ejercicios, cuando tenía 55 años de edad. Solo unos pocos días antes que su hermano el cura don Miguel.

La historia es injusta cuando sólo unos cuantos son elegidos para que sus acciones sean consideradas de heroísmo. La misma historia nos dice que en Chihuahua murieron Hidalgo, Allende, Aldama y Jiménez, y si bien es cierto, fueron el cerebro del movimiento, se olvidan que las cenizas de 19 hombres, se encuentran perdidas en un sector del primer cuadro de la ciudad de Chihuahua, que en aquel tiempo fue ocupado por el primer cementerio de la villa de San Felipe El Real (hoy ciudad de Chihuahua).

En el año de 1878 una parte importante del panteón fue destruida para que se construyera en ella un edificio que perteneció a las sociedades de obreros, y durante la última década del siglo XIX el gobernador del estado ordenó la prolongación de la avenida Independencia partiendo en dos sectores el solar y ocupando con ello una gran superficie. En 1903, desapareció lo poco que quedaba del viejo panteón pues sobre su superficie se construyó un parque público que originalmente se llamó "Jardín 25 de Marzo", el cual cambió su nombre, en 1914, por el actual de "Jardín Abraham González".

Bajo el asfalto de la calle Bolívar y la avenida Independencia de la ciudad de Chihuahua, continúan sepultados los restos de Mariano Hidalgo y 18 insurgentes más.

Capítulo 3

DOÑA MARÍA GERTRÚDIZ ARMENDÁRIZ

MANUEL MARIANO FUE el quinto y último hijo de don Cristóbal Hidalgo con doña Ana María Gallaga, quien murió al dar a luz.

Según la fe de bautismo de Manuel Mariano, nació en la hacienda de Corralejo el 15 de abril de 1762, siendo bautizado en la capilla de la propia hacienda el día 24 del mismo mes, por su tío, el sacerdote Joseph Antonio Gallaga, cura de La Piedad.

Manuel, al igual que sus hermanos, realizó sus primeros estudios en Corralejo, pasando luego a continuarlos al Colegio de San Nicolás en Morelia. Posteriormente estudió en la Universidad de México, donde se graduó de Bachiller en Artes el 23 de abril de 1779, de Bachiller en Teología el 13 de abril de 1782, y de Bachiller en Cánones el 21 de abril de 1786.

Aunque había obtenido el grado de teología, se desconoce la razón por la que no abrazó la carrera eclesiástica, optando por cursar la carrera de abogado en el Colegio de Abogados Comendadores de S. Ramón Nonato de México. Se ignora la fecha en la que se tituló, pero se sabe que fue abogado de la Real Audiencia en 1790, cuando tenía 28 años de edad.

Manuel se casó con doña María Gertrudis Armendáriz, originaria de Silao, con quien tuvo tres hijas y un hijo, que fueron: Ana María, Juana Nepomuceno, Rosalía, y Agustín.

Tiempo después el Lic. Manuel Hidalgo y Costilla, inesperadamente se volvió loco y murió en la Ciudad de México el 4 de julio de 1809.

Doña María Gertrudis al enviudar, decidió quedarse en México, pero ignoraba que lo peor estaba por venir.

Cuando estalla el movimiento independentista en el pueblo de Dolores y al conocer quien encabezaba dicho movimiento, el virrey don Francisco Javier Venegas ordena apresar en la Acordada a doña María Gertrudis y sus cuatro pequeños hijos el 28 de septiembre de 1810, con lo que no sólo los niños sufrieron la pérdida de su padre, sino que también perdieron su libertad y soportaron privaciones. Además, de habérseles quitado sus propiedades, quedando en la miseria total.

Doña María Gertrudis se vio en la necesidad de trabajar desde la cárcel, realizando costuras y bordados que le mandaban hacer sus amistades, con lo que cubría sus necesidades y las de sus hijos.

Los sufrimientos ocasionados por las patrañas del cobarde virrey, lejos de intimidarla, incitaron en ella un sentimiento en pro de la independencia nacional. Logró sobornar a algunos carceleros y con su ayuda y de don Joaquín Piña, que era guarda garita de S. Cosme, protegía la salida de los presos que anhelaban unirse al ejército insurgente. Además, enviaba armamento que compraba con su precaria economía, contribuyendo también con dinero para la compra de la imprenta que fue enviada a López Rayón.

El 16 de noviembre de 1815, murió doña María Gertrudis en la prisión. El día 24 de diciembre del mismo año, el virrey Juan Ruiz de Apodaca puso en libertad a sus cuatro hijos, los cuales fueron enviados a Corralejo, al cuidado de su tío José María.

Aunque doña María Gertrudis Armendáriz no fue penjamense de nacimiento, si lo fue al sumarse a la lucha que iniciara su cuñado Miguel Hidalgo y Costilla.

Capítulo 4

PRISIÓN Y MUERTE EN LA ALHÓNDIGA DE GRANADITAS

Tras la derrota del ejercito insurgente en San Jerónimo de Aculco (hoy Aculco de Espinosa, Estado de México), Allende se separa de Hidalgo y parte hacia Guanajuato en compañía de Aldama y Jiménez, así como la mayor parte de los jefes militares, tres mil miembros de caballería y ocho cañones; llegando el 12 de noviembre de 2010, donde retoma el mando de la ciudad con una crueldad no característica en él, y disponiendo la defensa, ya que las fuerzas de Calleja estaban por llegar.

A su llegada había 180 prisioneros entre españoles y criollos en la alhóndiga de Granaditas, los cuales eran vecinos de San miguel el Grande (hoy San miguel de Allende), Irapuato, Salamanca, Dolores, Guanajuato, San Luis Potosí, Celaya, Chamacuero (hoy Comonfort), Santa Cruz, hacienda de Burras (hoy San José de Llanos, Mpio. de Guanajuato), Valladolid (hoy Morelia), Pénjamo, San Felipe, Teocaltiche, Aguascalientes, y de otros lugares desconocidos; de Pénjamo, eran prisioneros don Ángel Herrera y don Francisco Rodríguez, quien por cierto era ciego.

El sábado 24 de noviembre de 1810, Calleja traspasa la línea defensiva insurgente en Marfil y se dirige hacia la ciudad, Allende ante la cercanía de Calleja y sabiéndose con pocos elementos de tropa y falta de armamento, tomó la decisión de mandar un contingente de su ejército a ubicarse en Valenciana. Isauro Rionda Arreguín en su obra "Don Miguel Hidalgo y Costilla en la intendencia de Guanajuato", describe que al momento que la caballería se dirigía con rumbo a la sierra, al pasar por la esquina de la alhóndiga, uno de los soldados se dirigió al pueblo y les dijo "¿Qué hacen que no acaban con esos?", ante lo cual el pueblo ya no contuvo el coraje (sólo por ser españoles o no coincidir con las ideas libertarias) hacía los internos y se lanzó al interior de la alhóndiga. En esos momentos el edificio estaba custodiado por un regimiento de infantería al mando del capitán Mariano Covarrubias, quien intento contener a la multitud, pero fue imposible detenerlos, ya que incluso algunos soldados que conformaban la guardia se unieron al pueblo invasor. Mariano Liceaga, hermano de José María, con sable en mano hirió a varios pretendiendo la defensa de la edificación, pero cayó herido a causa de una pedrada, salvando la vida milagrosamente.

Sin oposición alguna, los invasores se dirigieron a los prisioneros, degollando a la mayoría con saña e impiedad, ya que a pesar de estar totalmente indefensos, los herían de tres a cuatro veces antes de matarlos; participando en este infame acto las mujeres con cuchillo en mano.

Uno de los asesinados fue el vecino de Pénjamo y ya muy anciano y ciego Francisco Rodríguez. También fallecieron todos los españoles llevados en calidad de prisioneros desde Dolores, aquel 16 de septiembre, al inicio de la gesta por la libertad.

Al grito de ¡ya viene Calleja!, el pueblo se dio a la fuga, momento que aprovecharon los pocos prisioneros que quedaron con vida para escapar y buscar refugio en el convento de Belén y en casas particulares.

Allende pretendió impedir la matanza de españoles, pero cuando se vio imposibilitado de hacerlo se refugió en el cerro de Chichíndaro, donde pasó la noche hasta la madrugada del día siguiente cuando regresó intentando vencer a los realistas, al no tener el éxito esperado deciden marchar a través de la sierra hacia San Felipe.

Amanecía en Guanajuato cuando Calleja recibió la noticia de lo sucedido en la Alhóndiga, dando como respuesta la orden de que se pasara a degüello al entrar a la ciudad. En otras palabras, se matara a cuanta persona se encontrara en la calle. La orden fue suspendida gracias a la mediación del fraile José María de Jesús Belaunzarán, quien de rodillas, casi a las patas del caballo de Manuel Flon, conde de la Cadena, le suplicó al tiempo que le mostraba un crucifijo, la detención de la masacre.

Capítulo 5

ATAQUE A LA POBLACIÓN POR ALBINO GARCÍA

Estando Don Miguel Hidalgo en Salamanca los días 23, 24 y 25 de septiembre, a pocos días de haber iniciado el movimiento independentista, se le acercó un hombre seguido de unos pocos vaqueros, quien se puso a sus órdenes para luchar por la causa, su nombre, Albino García.

Albino nació en Cerro Blanco en el municipio de Salamanca. Según historiadores, era un indio de clase humilde. Se desconoce su fecha de nacimiento. Le apodaban "El Manco", debido a la caída de un caballo en la cual le quedó inutilizado el brazo izquierdo.

Como guerrillero insurgente, anduvo combatiendo a los realistas por todo el Bajío, ya que por su fuerte y fértil campiña limitada por la sierra de Guanajuato al norte y por las montañas de Pénjamo, Valle de Santiago y Yuriria al sur, era su terreno preferido para las escaramuzas.

El 11 de agosto de 1811 se batió en feroz batalla cerca de Pénjamo, con Pedro Menezo, capitán de Dragones Provinciales de San Luis y comandante de un cuerpo de Lanceros, enviado por el virrey Félix Calleja, y debido a que el terreno fangoso provocado por la lluvia dificultó las maniobras a caballo, se vio obligado a retroceder, pero no se alejó mucho, ya que sus espías le habían dicho que Pénjamo era un nido de realistas.

Menezo al ver que el ejército insurgente se dispersaba en todas direcciones, pensó que los había derrotado, y con la vanidad a flor de piel, se lo comunicó a Calleja, explicando que poniéndoles en precipitada fuga, se les siguió para darles alcance en una distancia aproximada de cuatro leguas, en las que quedaron tendidos muchos rebeldes, haciendo algunos prisioneros, incluyendo algunos "capitancillos" a los que fusiló inmediatamente.

La carta más que nada trataba de elogiar la conducta de los soldados realistas exagerando las proporciones de la batalla, grave error, nunca debió mandar esa carta, pues apenas había salido de Pénjamo con su tropa, cuando Albino se presentó en dicha población.

Cabe mencionar que el Subdelegado y Comandante de las Armas en Pénjamo era José María Hidalgo y

Costilla, hermano del Generalísimo de la Nación Americana.

Pocos días antes, habían fusilado a sus hermanos Miguel y Mariano en Chihuahua, pero él siempre se mostró partidario de la corona española y por esa razón recibió favores de ella.

Retornando a la entrada del guerrillero, hizo alto frente a la casa de José María Hidalgo, se apeó del caballo con lentitud y como ya sabía de quien se trataba, se plantó con altivez frente al comandante.

José M. de la Fuente, en su obra escrita en 1910 "Hidalgo Íntimo", describe el encuentro a través de una carta escrita por José María y enviada a Calleja, "Albino García, entre infinitos y horrorosos vituperios que me dijo, añadió que era un alcahuete de los gachupines y que quitaran de allí ese . . . hermano del cura; que ya no le había de dejar la vida si lo llegaran a agarrar, y que así no tenía que meterse con él, y había de anticiparse a tomar satisfacción de los que pudieran entregarlos y eran todos aquellos alcahuetes Encallejados".

La población fue saqueada y el comandante encarcelado con la advertencia de que dejara el cargo, de lo contrario, recibiría un merecido castigo.

Albino se divirtió pintarrajeando y haciendo desfilar en fachas de carnaval a vecinos considerados como realistas. Los reos fueron dejados en libertad y se robaron todos los caballos encontrados en el pueblo y ranchos cercanos.

"Quedó Pénjamo hecho un miserable esqueleto y los vecinos piensan abandonar el patrio suelo y ver donde hallan honesta acogida para sus familias y proporción de sostenerlas, que no les alcance tan fuerte azote de la Divina Justicia y tan sin arbitrio de resistirlo", continúa la carta, la cual termina de la siguiente manera, "Dios guarde a U. S. muchos años, Pénjamo 22 de Agosto de 1811".

Una vez concluida su fechoría, Albino se retiró con toda calma rumbo a Jalpan en busca del cura Cervantes Villaseñor, quien utilizaba el sermón para despotricar contra los insurgentes, por lo que ya lo traía entre ojos. El padre logró escapar, pero lo hizo corriendo por un buen rato, ya que en un comunicado escribió que hasta una llaga se le había hecho en un pie.

CAPÍTULO 6

EL HERMANO INCÓMODO

FUE EL CUARTO hijo de don Cristóbal y doña Ana María; nació en Corralejo en 1759, y al igual que sus hermanos mayores, curso las primeras letras en la casa paterna, para después pasar al colegio de San Nicolás en Valladolid (hoy Morelia). El 18 de abril de 1780 recibió el grado de Bachiller en Artes por la Universidad de México.

José María estudió la carrera de medicina, la cual abandonó regresando a Corralejo donde se dedicó a las labores del campo junto con su padre. Allí se casó con su prima segunda Sebastiana de Villaseñor, con quien tuvo cuatro hijos: Vicente, Manuela, Domingo y Josefa.

Cuando murió don Cristóbal, José María quedó como administrador de la hacienda, puesto que desempeño hasta que Félix María Calleja lo nombró Comandante de las armas y Subdelegado del partido de Pénjamo.

Después del ataque y saqueo de Pénjamo por Albino García, José María se retiró a Corralejo, donde volvió a ocupar el cargo de administrador de la hacienda, permaneciendo allí hasta su muerte.

José María nunca compartió los ideales de la insurgencia, es más, siempre se mantuvo leal a la corona española. Incluso a la muerte de sus hermanos Miguel y Mariano en Chihuahua, mostró total indiferencia manteniéndose firme en la encomienda dada por Calleja.

Podría decirse que el primer hermano incómodo, tan frecuente en la vida política de nuestro país; lo fue José María Hidalgo, quien 13 años después, sin poca ni más vergüenza, solicitó al Congreso del ya Estado Libre de Guanajuato, la petición que Benjamín Lara González en su obra "La Insurgencia en el Bajío", describe: "... haciendo presente ser hermano del Eccmo. Sr. D. Miguel Hidalgo primer caudillo de nuestra Independencia, y los servicios que prestó a la patria desde la primera época de la revolución y que estando avanzado de edad, y abatido de la suerte se pone en manos del Soberano Congreso, para que se la mejore".

Más vergonzosa resultó la respuesta de los diputados, ya que sin una investigación que hubiera demostrado su aversión hacia el movimiento insurgente, aprobó la petición.

Capítulo 7

LAS HERMANAS GONZÁLEZ

LAS MUJERES AL inicio del siglo XIX estaban prácticamente sometidas a la esclavitud. Las mujeres criollas debían obedecer las decisiones familiares, sin importar lo que ellas pensaran. En las familias acaudaladas era costumbre que las jóvenes doncellas se casaran con un hombre proveniente de una familia de linaje similar o elegir la vida dura del convento; finalmente, la clase marginal de la cadena social colonial, la conformaban la mayoría de las mujeres indígenas y las mujeres pobres del campo y de la ciudad, quienes muchas de las veces su destino era ver llegar la ancianidad solas y desamparadas.

Al estallar el movimiento de independencia, las mujeres de la región del Bajío, principalmente de Pénjamo, no dudaron en acompañar a sus maridos, incluso tomar las armas con sus propias manos, muchas de ellas, heroínas anónimas, en el ocaso de las batallas quedaron de rodillas ante el cadáver del esposo o de un hijo, o en el peor de los casos, tendidas en el campo con una bala en la cabeza o una herida en el pecho provocada por una bayoneta realista. Otras si bien es cierto, no participaron en las batallas, pero si colaboraron con la causa a través de donaciones monetarias y servicio de espionaje.

Tal es el caso de las Hermanas González, de quienes sólo se sabe las dos vivían en Pénjamo y que sacrificaron fortuna y casa por ayudar a Miguel

Hidalgo. Sebastián Alaniz en su obra "Mujeres por la Independencia" y Celia del Palacio en su libro "Adictas a la Insurgencia", mencionan lo anterior, casi de manera textual.

Lamentablemente no hay más fuentes de consulta que respondan a las expectativas de confiabilidad y veracidad de la información, al menos no al alcance del autor.

Capítulo 8

HEROÍNAS PENJAMENSES

La conducta inhumana y sanguinaria mostrada por Agustín de Iturbide, era conocida por su familia y amistades cercanas desde su infancia. Su propio padre decía que cuando Iturbide siendo niño, acostumbraba cortar los dedos de las gallinas, por el simple placer que le provocaba verlas caminar con los muñones.

Su crueldad se fue fortificando desde el 8 de octubre de 1797, cuando se recibió como oficial al contar con sólo 14 años de edad.

Al estallar el movimiento insurgente y según en propias palabras de Iturbide, Hidalgo quien por cierto era su pariente por parte materna, ya que ambos eran descendientes de Juan de Villaseñor y Orozco, uno de los fundadores de la ciudad de Morelia; le invitó al movimiento ofreciéndole el nombramiento de teniente general. El mismo Iturbide expuso su negativa por no ver futuro en dicho movimiento.

El destino puso a Iturbide en contra de los que peleaban por una nación independiente de la corona española, y fue ese destino quien lo fue encumbrando con triunfos que le fueron ganando prestigio como militar.

Tras derrotar a Ramón Rayón el viernes santo de 1813, Iturbide fue ascendido a coronel, recibiendo a su cargo el Regimiento de Infantería de Celaya y la Comandancia General de Guanajuato. Pero tanta satisfacción se le subió a la cabeza y pronto emprendió una cruzada sembrando muerte y desolación por donde pisara.

El 29 de octubre de 1814, Iturbide promulgó un bando en el cual daba setenta y dos horas para que las esposas de insurgentes se unieran a sus cónyuges, sin importar donde se encontraran, de no hacerlo, serían detenidas.

Como resultado de la omisión del bando, mujeres de Pénjamo y de la Hacienda de Barajas fueron encarceladas en las casas de Recogidas; unas murieron de enfermedades, otras perdieron a sus hijos o los tenían llorando de hambre, algunas fueron violadas por los soldados realistas; todo porque sus maridos o familiares seguían en pie de guerra. Las que lograron sobrevivir fueron dejadas en libertad por el virrey Apodaca durante la primera mitad de 1817.

Estos son los nombres de algunas de las heroínas penjamenses: Antonia González, María Josefa Paúl, Ana María Machuca, María Dominga Bedolla, Micaela Bedolla, María Árias, Juliana Romero, Juana Villaseñor, Vicenta Espinosa, Josefa González y María Vicenta Izarrarás.

La estrategia de Iturbide no resultó favorable. Por lo que en mayo de 1816 fueron hechas prisioneras: María Regina Barrón, María Bribiesca, Petra Arellano, Manuela Gutiérrez, Francisca Uribe, María de Jesús López, Casilda Rico, María Josefa Rico, Rafaela González, Luisa Lozano y Manuela Suasto.

Su conducta por demás escandalosa llegó a oídos de personajes y autoridades de Querétaro y Guanajuato, y aunque la población conocía perfectamente la acción vengativa tan característica de Iturbide, haciendo a un lado su temor por lo que les pudiera pasar, varias familias distinguidas se dirigieron a la Ciudad de México a quejarse con el virrey Calleja, quien reconociendo la importancia de su subordinado para la corona española, sólo lo suspendió del mando, llamándolo a responder por las acusaciones en su contra.

Mientras tanto mando investigar la veracidad de los hechos, interrogando a personalidades y agrupaciones reconocidas de la ciudad de Guanajuato sobre el actuar político y militar de Iturbide, pero como ya había mencionado antes, el temor a la represalia era mayor y quienes incluso habían apoyado la diligencia a la Ciudad de México, ahora decidían callar.

Juan Pablo Morales Anguiano en su obra "Agustín de Iturbide" en Colección Los Grandes Mexicanos, menciona que el único que se atrevió a formular cargos en su contra fue el cura Don Antonio Labarrieta. Entre los puntos acusatorios destacan: acusar de insurgente a quien le contradiga, castigar sin motivo, saquear las haciendas de realistas fieles al rey, las prisioneras sin motivo de Pénjamo, un régimen absolutista, etc.

El virrey y el auditor tenían mucho interés en no dañar la persona de Iturbide, por lo que el 3 de septiembre de 1815 fue absuelto, pero fue restringido en sus actividades militares, quitándole en definitiva el poder del que gozaba.

Capítulo 9

SITIO DEL FUERTE
DE LOS REMEDIOS

DESDE LA LLANURA en que se sitúa la ciudad de Pénjamo, el suelo se va levantando poco a poco hacia la montaña hasta un punto llamado Tepeyac, que es el de mayor altura; desde allí el terreno tiende a bajar y luego vuelve a subir hasta un punto llamado Panzacola; el espacio comprendido entre uno y otro punto está resguardado por despeñaderos y profundos barrancos. Frente al Tepeyac se levanta el cerro del Bellaco. Toda la posición descrita recibió el nombre de fuerte de Los Remedios, con alrededor de mil quinientos defensores bajo el mando del padre Torres.

La importancia del fuerte era que por su ubicación resultaba impenetrable, las inmediaciones eran una zona boscosa, donde abundaban diversos animales como: guajolotes, coyotes, venados, lobos, conejos y gran diversidad de aves canoras, además de la existencia de manantiales inagotables que brotaban en lo alto del cerro y un arroyo del cual el agua podía subirse con facilidad.

El mariscal Pascual Liñán y el brigadier Negrete se instalaron frente a las fortificaciones de Los Remedios el 31 de agosto de 1817, colocándose la infantería en la parte contraria a los barrancos.

La conformación de un gran ejército insurgente con los soldados de Pedro Moreno, el padre Torres y las tropas de Mina, no se pudo lograr, debido en parte a que estos últimos se burlaban de las imágenes de la virgen de Guadalupe en los sombreros de las huestes del Bajío. No hay que olvidar que Mina había reclutado en Inglaterra un pequeño grupo de piratas y mercenarios, antes de embarcarse para la Nueva España.

Cuando Mina se reúne con el padre Torres en Los Remedios, fue víctima de las marrulleras patrañas del padre, quien pretextando la defensa del fuerte, le pide deje a sus oficiales y se lleve mil hombres para que continúe con las campañas militares en el estado. La astucia militar del joven navarro le permitió disponer de un plan: si él atacaba una posición importante, Liñán recibiría órdenes para auxiliar la plaza hostilizada, entonces los insurgentes podrían romper el cerco. Así, Mina abandona el fuerte por la región de Panzacola, pero ignoraba que los mil hombres equivalían a cien soldados, debido a la indisciplina y falta de aptitud bélica que les caracterizaba.

El 20 de septiembre el ejército realista atacó el fuerte por varios lugares, retirándose sin éxito después de tres horas, habiendo sufrido algunas bajas.

Liñán al ver la imposibilidad de tomar el fuerte, decidió abrir un socavón debajo de la fortificación, nada pasó con las detonaciones.

Días después un segundo socavón fue cargado con pólvora, se hizo estallar y no se logró dañar la fortaleza. Por lo que se ordenó un hoyo más profundo. Se cargó, se prendió fuego y el resultado fue similar a los dos anteriores. Cabe mencionar que el trabajo de los excavadores era frecuentemente interrumpido por las piedras que les arrojaban del interior del fuerte.

Carlos María de Bustamante en su obra "Cuadro histórico de la Revolución Mexicana, Tomo IV", escrita en 1844, describe la muerte de Cornelio de Ortiz Zárate, abogado y diputado suplente por Tlaxcala en el congreso de Chilpancingo, quien por curioso se acercó a escuchar el golpe de la barrena por debajo del piso, cuando recibió un balazo en la cabeza.

Una noche los insurgentes atacaron a los realistas, comandados posiblemente por Crocker, Ramsey y Wolfe. Los adversarios creyeron que los atacaba Mina, por lo que corrieron abandonando sus posiciones, pero lamentablemente no fue suficiente para romper el cerco.

Al interior del fuerte las provisiones alimenticias eran favorables, no así con los de afuera, debido a que por una parte las escaramuzas de Mina impedían la llegada de víveres y por otra, en ese momento las tierras en esa región del país estaban totalmente abandonadas, por lo que nada se podía aprovechar.

Mientras tanto, Mina convencido de que era necesario liberar a los sitiados de Los Remedios, rechazó las instrucciones de ir a Michoacán y conformar un verdadero ejército, por lo que decidió tomar la ciudad de Guanajuato el 25 de octubre a las 2 de la mañana, pero al ser descubiertos por un guardia, quien dio la voz de alerta, de todas partes salieron soldados realistas y por todas partes corrieron soldados insurgentes. Tristemente jocoso era ver a insurgentes tratando de huir por entre empinados y torcidos callejones, chocando entre sí, buscando una calle que les sacara de la ciudad. El ataque fracasó.

El 26 de octubre Mina totalmente derrotado llegó al rancho del Venadito, cuyo dueño era Mariano Herrera. Esa noche se sirvió una suculenta cena. Hubo música, incluso Mina bailo, pero no podían imaginar que al amanecer del día siguiente fueran sorprendidos por fuerzas realistas al mando de Orrantia. Pedro Moreno murió en la lucha y Francisco Xavier Mina fue capturado por un dragón del ejército realista.

Ese mismo día, Mina fue trasladado a Silao, allí le colocaron grilletes en los pies y es conducido a Irapuato. Luego llevado al campamento de Liñán, frente al fuerte de Los Remedios. Siendo las cuatro de la tarde del día 11 de noviembre, Mina es fusilado en el cerro del Bellaco y sepultado en un lugar cercano al de la ejecución.

El 16 de noviembre alrededor de las cuatro de la tarde, después de varios días de cañoneo incesante, Liñán ordenó el asalto de las posiciones insurgentes, pero fueron rechazados y perseguidos, elevándose las pérdidas a cuarenta y nueve oficiales y trescientos setenta y un soldados, entre muertos y heridos.

No hubo cambios trascendentales durante casi todo el mes de diciembre, sólo que a los sitiados las municiones les comenzaban a escasear.

La noche del 28 de diciembre, trescientos hombres comandados por los capitanes Ramsey y Crocker, junto con el soldado penjamense Cruz Arroyo, asaltaron el campamento realista del Tigre, apoderándose de algunas municiones, pero siendo rechazados y obligados a retroceder con 27 hombres muertos y algunos heridos.

Tras el frustrado intento por hacerse de "parque", se optó por la evacuación del fuerte, programándose para la noche del 1 de enero de 1818.

El coronel Diego Novoa ordenó a los centinelas no dar el grito de alerta esa noche, grave error, ya que al ser una costumbre por parte de los sitiados, hizo sospechar a los realistas, por lo que redoblaron la vigilancia.

Al interior del fuerte el plan fue guardado en el más profundo secreto, dando aviso hasta pocos minutos antes de pretender la huida. Llegada la hora acordada se comenzaron a formar los contingentes, dejando abandonados a los heridos y enfermos imposibilitados de caminar, a pesar del dolor que esto causaba.

El padre Torres al frente de un destacamento comenzó a moverse, siguiéndole las otras divisiones de tropa, así como mujeres y niños. Pero las condiciones del terreno y la oscuridad hicieron la marcha excesivamente lenta, al grado que aún se encontraba dentro del fuerte la mitad del ejército, cuando fueron descubiertos y atacados ferozmente por el ejército realista, causando confusión y el desorden en las filas independentistas.

Una columna realista entró en el fuerte por Tepeaca y al ver que estaba siendo abandonado, se lo comunicaron a la división que estaba enfrente de Panzacola, avisándoles que los patriotas huían por aquel rumbo. Mientras tanto, una barbarie tan característica por ambos bandos en la guerra de independencia, estaba por verse. Se prendió fuego a las barracas, las cuales estaban ocupadas por los heridos que estuvieron imposibilitados de huir, cuando los que tenían fuerzas suficientes para alejarse de las llamas lograban salir, eran recibidos por el ataque de una bayoneta. Los gritos de dolor fueron apagados por el silencio sepulcral en aquel lugar del que sólo quedaron cenizas.

Los soldados del destacamento de Panzacola, como estrategia encendieron enormes hogueras que iluminaban tanto la profundidad de los barrancos como las alturas cercanas, mostrando además, el rumbo que tomaba la tropa.

Los insurgentes se vieron atacados por dos bandos, ya que al frente eran esperados por el destacamento de Panzacola; por detrás, los realistas que habían entrado por Tepeaca atacaban a la retaguardia que aún no salía del fuerte.

El horror tomo el lugar que anteriormente ocupó el silencio de la maniobra de evacuación. Al sentir las puntas de las bayonetas acercándose cada vez más, empujaban a los de adelante, quienes debido al angosto sendero que no daba cabida a todos, provocaban que cayeran unos sobre otros a los precipicios, donde la muerte les esperaba o quedaban agonizantes con el cuerpo desmembrado. William Robinson Davis en su obra "Memorias de la revolución de Mégico y de la espedición del general D. Francisco Javier Mina", escrita en 1824, describe que los últimos en caer al precipicio lo hacían sobre los muertos, quienes al ser ya bastantes, lograban en algunos casos amortiguar la caída, consiguiendo que algunos salvaran la vida.

Fueron momentos en los que únicamente se escucharon los gritos impotentes de los hombres al verse endebles y prácticamente derrotados, el llanto de mujeres y niños por las escenas crueles y traumáticas que presenciaban, las amenazas y maldiciones que brotaban de las bocas del ejercito realista, y el sonido de cada disparo que por las condiciones de la batalla significaba un insurgente muerto o al menos herido.

Durante la noche, el eco de los barrancos multiplicó los quejidos de aquellos infelices que quedaron con vida. El amanecer del día siguiente, sólo sirvió para que los realistas concluyeran lo que la oscuridad de la noche les impidió. Así que con bayoneta en mano recorrieron las faldas de los barrancos y revisaron cada arbusto, matando a cuanto rebelde encontraban sin distinción de sexo. En otro punto, Anastasio Bustamante a cargo de un destacamento de caballería, exploró todo el valle y los caminos de Pénjamo y Casas Blancas, cazando fugitivos.

El parte de Liñán menciona cerca de quinientos cadáveres entre ellos Cruz Arroyo, también fueron muertos el capitán Crocker y el Dr. Hennessey, quienes habían conformado la expedición de Mina, así como Manuel Muñiz, director de las obras defensivas del fuerte.

Los prisioneros que habían dejado con vida fueron obligados a demoler el fuerte y al terminar algunos fueron fusilados, entre ellos Diego Novoa, quien antes de morir gritó ¡Viva la república!

Fueron 223 prisioneros que mantuvieron con vida, los cuales fueron enviados a la cárcel de Mezcala, así como 50 enfermos internados en hospitales de la región, posteriormente encarcelados en la misma prisión.

Las mujeres familiares de los jefes insurgentes fueron enviadas a cárceles de ciudades con control realista, pero las mujeres de la tropa, muchas fueron violadas y puestas en libertad, previamente siendo rapadas.

El padre Torres logró huir en compañía de una pequeña escolta, ya que al conocer el terreno y a lomo de su caballo se escondió en los montes cercanos a Pénjamo.

Después de formar un pequeño contingente de trescientos hombres de caballería con la intención de auxiliar a los prisioneros, el 18 de febrero estando a legua y media del cerco, se detuvo y ordenó al teniente coronel Pablo Erdozaín el ataque al punto que se creía era el más débil, pero fue rechazado por las fuerzas realistas obligando al padre a retroceder. Días más tarde en la hacienda de Surumuato (hoy Pastor Ortiz) sufrió una nueva derrota, teniendo que refugiarse otra vez en los alrededores de Pénjamo, donde encontró un refugio seguro, ya que al ser una región rica en producción agrícola y ganadera, tuvo lo suficiente para subsistir.

Liñán después de destruir el fuerte regresó a la ciudad de México, donde recibió la gran cruz de la orden de Isabel la Católica. Anastasio Bustamante fue ascendido a coronel, y a todos los soldados del batallón se les otorgó el uso de un escudo conmemorativo.

Así finalizó el cerco del fuerte de Los Remedios, después de haber sostenido durante cuatro meses el asedio de un ejército que era superior en número de soldados, armamento, municiones, incluso en experiencia militar, ya que algunos habían combatido en la guerra contra Francia. No cabe duda que si bien es cierto resultó una derrota militar, es un hecho heroico que cubre de gloria a las armas mexicanas, tal como lo expresó el propio Liñán en el testimonio que entregó al virrey con fecha de 12 de diciembre de 1818 y que describe en su obra "Cuadro histórico de la Revolución Mexicana, Tomo IV, escrita en 1844", Carlos María de Bustamante: "Si por un error de cálculo hemos concebido que el enemigo que tenemos al frente, no merece la consideración de unas tropas aguerridas, propáguense en hora buena estas especies para con el público; mas yo que en él tengo que responder al soberano de mis pequeñas empresas militares, puedo asegurar a V. E. que la defensa que han opuesto en los fuertes de Comanja y S. Gregorio, es digna de los mejores soldados de Europa, y que de consiguiente no se debe despreciar al enemigo atrincherado en una posición que reúne las ventajas del arte y de la naturaleza...".

Capítulo 10

ANDANZAS DEL PADRE TORRES

El capítulo anterior alude acciones del padre José Antonio Torres, pero quién era tan enmarañado personaje: abrazó la carrera sacerdotal por mandato familiar, ya que nunca mostró vocación, ni interés cuando estudiante en el seminario, pero la necesidad de párrocos hizo que las autoridades eclesiásticas lo ordenaran sacerdote. Cuando estalla el movimiento de Hidalgo, siendo cura en Cuitzeo de los Naranjos (hoy Abasolo), se une a las filas de Albino García, con quien toma parte en algunos combates hasta que lo hace por cuenta propia.

La independencia y los principios de libertad le "valían gorro" a Torres. Nunca publicó un edicto político ni respetó las decisiones de sus superiores. El desenfreno y el libertinaje, fueron la motivación que le orilló a participar en el conflicto bélico.

Si un pueblo presentaba resistencia a sus caprichos, permitía que sus soldados robaran cuanto querían, se ensañaran cruelmente con los hombres y saciaran su lujuria con las mujeres, además de quemar las casas y no dejar construcción en pie.

En una de sus múltiples correrías saqueó e incendio el pueblo de Valle de Santiago, aun cuando la mayoría de sus habitantes estaban entregados a la causa insurgente; tenía asolados, también, a La Piedad, Salamanca, Celaya, Irapuato,

Silao, Salvatierra, y las haciendas y ranchos entre los poblados antes mencionados.

Antes del inicio de la guerra de independencia, los habitantes de Pénjamo gozaban de cierta prosperidad; muchas familias contaban con riquezas considerables; la mayor parte de los dueños de las haciendas vivían en el pueblo, distinguiéndose por su educación y buenas costumbres; la principal actividad era la agricultura, aunque también se dedicaban al comercio de víveres y a la ganadería.

La mayoría de los penjamenses comulgaban con la causa independentista, y desgraciadamente para ellos, fue allí donde establecía el padre Torres su cuartel general cada vez que era derrotado por las fuerzas realistas.

Pénjamo no se libró de la destrucción, sus habitantes le tenían miedo, pues ya dos veces había incendiado la población, y los lugareños tuvieron que vivir entre las ruinas. Los hermosos edificios que adornaban sus calles se habían convertido en montones de escombro, entre los cuales comenzaron a levantarse algunas chozas. Los excesos del bárbaro cura fueron intolerables, tanto que Pénjamo enteró le llegó a aborrecer más que a los realistas.

Después de los resultados en Guanajuato y específicamente en el fuerte de Los Remedios, los miembros de la junta provisional de gobierno se dirigieron a Michoacán, y cerca de Huetamo decidieron reorganizarse. Se otorgaron nuevos nombramientos en las comandancias, se realizó un conteo de armas y municiones, y se analizaron abusos y mezquindades que tanto habían dañado a la causa de la independencia. Un caso específico fue el proceder del padre Torres como jefe de las armas en Guanajuato, quien tenía insatisfechos a los jefes insurgentes que le reconocían su autoridad superior. Su despotismo, tan característico en él, causo la indignación de dos jefes, quienes decidieron desconocerle en su cargo; en consecuencia, varios jefes se reunieron en Puruándiro el 18 de abril de 1818, y por unanimidad concertaron nombrar como nuevo jefe de las armas en Guanajuato al coronel Juan Arago. El padre Torres asistente a la reunión, en cuanto fue destituido se fue a un rincón acompañado sólo de unos cuantos, tal como pasa en el ámbito político. El nombramiento fue ratificado por la junta de Huetamo concediéndole al padre su retiro con los honores y sueldo correspondientes a su grado de teniente general.

Considerando el carácter del padre Torres, tomo su destitución como afortunada, ya que ahora podía actuar sin depender de la junta de gobierno.

El 28 de abril atacó las tropas de Anastasio Bustamante que se encontraban en la hacienda de Guanímaro, quienes sin tener noticias de la llegada de Torres fueron sorprendidos, pero lamentablemente los independentistas no supieron aprovechar el momento, dando lugar a que Bustamante reorganizara a sus soldados rechazando el ataque y derrotándolos totalmente. La victoria donde murieron alrededor de trescientos insurgentes le valió a Bustamante la condecoración de Isabel la Católica.

Después de publicar el desconocimiento a la junta de gobierno, al mando de trescientos hombres se dirigió a Pénjamo, pero la plaza estaba ocupada por Arago, quien había establecido en este lugar su cuartel general.

Sin llegar a un enfrentamiento, ambos jefes decidieron tener una reunión en Surumuato (hoy Pastor Ortiz), a orillas del rio Lerma; del lado michoacano las tropas de Torres, del lado guanajuatense el destacamento de Arago. Fueron dos días de pláticas inútiles, por lo que Arago fijó un plazo para que Torres se sujetara a lo dispuesto por la junta de gobierno. El plazo terminó sin respuesta, por lo que Arago mandó que se cruzará el río y se presentara combate, derrotando a las fuerzas de Torres.

Vencido y prácticamente sin ejército, anduvo vagando por la intendencia de Guanajuato sin ningún beneficio para la insurgencia, hasta que un día, en un juego ganó una cantidad importante de dinero a uno de sus oficiales de nombre Juan Zamora, quien al no completar el adeudo, dejó en garantía su caballo. Al día siguiente por la mañana, se presentó dispuesto a pagar la cantidad que faltaba y recoger su cabalgadura, pero Torres se negó a devolverla, argumentando que el trato había sido otro y el caballo ya no le pertenecía. A Juan no le quedó otro remedio, más que alejarse del lugar, desahogando su coraje murmurando maldiciones.

Las horas pasaron y el rencor crecía, más cuando los compañeros contrarios a Torres se encargaron de alimentar ese odio, por lo que estando Juan sentado y al ver pasar al padre Torres montando muy arrogante su caballo, se levantó lleno de rabia y tomando su lanza lo atravesó. Julio Zarate en la obra "Compendio General de México a través de los siglos, Tomo III", describe que un hermano del padre y algunos de sus soldados se abalanzaron sobre Juan, quitándole la vida antes de que el padre Torres muriera. Por su parte, Armando Fuentes Aguirre "Catón" en su obra "La otra historia de México, Hidalgo e Iturbide", relata que Torres cayó sin pronunciar palabra alguna, momento que Juan aprovechó para montar su caballo y alejarse a todo galope.

Así terminó su vida aquel hombre despótico, quien fuera el azote de Pénjamo.

Capítulo 11

PÉNJAMO Y EL PLAN DE IGUALA

El 25 de enero de 1821, Agustín de Iturbide desde Teloloapan, Gro., envió al Lic. Juan José Espinosa de los Monteros, quien se encontraba en la ciudad de México, el proyecto del plan que se proponía proclamar. Julio Zarate en la obra "Compendio General de México a Través de los Siglos", describe parte de la carta: "En el estado avanzado en que se halla (el proyecto), no pido a usted consejo sobre la ejecución; pero si se lo exige mi amistad sobre la manera de hacer manifiestas al público mis razones, y sobre el plan que debe contribuir moralmente, si gusta, la proclama número 1 y los artículos del plan número 2, añadiendo, quitando o exonerando lo que su ilustración le sugiera". El documento demuestra que la idea que culmina con el Plan de Iguala es obra exclusiva de Iturbide, y no, como se creyó anteriormente que se le daba autoría a las conspiraciones de La profesa. Además, el manifiesto que se publicó después de la muerte de Iturbide, mencionaba que él lo concibió, lo extendió, lo publicó y lo ejecutó.

El plan de Iturbide, llamado oficialmente Plan de Iguala, comprendía 24 artículos, entre los principales decían lo siguiente: La religión de la Nueva España, sería la católica, apostólica y romana, sin representación de alguna otra; La Nueva España es independiente de la antigua y de cualquier otra nación; tendrá un gobierno monárquico moderado con ajuste a la constitución;

el trono será ofrecido a Fernando VII, en caso de no aceptar se cumplirá con las disposiciones del Plan; todos los habitantes de la Nueva España, son ciudadanos sin distinción alguna; la iglesia seguirá conservando todos sus fueros y privilegios; se formará un ejército que se nombrará de las Tres Garantías, porque toma la religión católica, la independencia, y la unión entre americanos y europeos.

El 24 de febrero de 1821 Iturbide publicó un manifiesto dirigido a los habitantes de la Nueva España, sin importar lugar de nacimiento u origen, en el que declaraba la necesidad de la independencia de México.

La obra de Julio Zarate menciona las últimas palabras de Iturbide en el manifiesto: "En el transporte de vuestro júbilo decid: ¡Viva la religión sana que profesamos! ¡Viva la América Septentrional, independiente de todas las naciones del globo! ¡Viva la unión que hizo nuestra felicidad!"

Apenas se difundió el Plan de Iguala y el entusiasmo con que fue acogido fue intenso, considerándosele como el indicio de la independencia y con ello, la tan ansiada paz.

El 16 de marzo de 1821 el teniente coronel Luis Cortázar y Rábago proclamó la independencia en San José de los Amoles (hoy Cortazar). Al día siguiente hizo lo mismo en Salvatierra. Un día después, el 18 de marzo lo hizo el destacamento realista de Pénjamo, y el coronel Anastasio Bustamante hizo lo propio en la hacienda de Pantoja, jurisdicción de la villa de Valle de Santiago.

Cortazar, Salvatierra, Pénjamo y Valle de Santiago fueron las primeras poblaciones en el estado de Guanajuato (y entre las primeras del país) en adherirse al plan de iguala, proclamando de esta manera la independencia definitiva de España. El coronel Bustamante, ordenó a Cortázar que tomara Celaya, lo cual hizo sin oposición alguna. El día 24, Bustamante entró a Guanajuato, proclamando el Plan de iguala ante la aclamación del ejército y el propio pueblo. Días después, Salamanca, Irapuato, León y demás poblaciones se adhirieron a dicho plan. Al iniciar el mes de abril, la provincia de Guanajuato, una de las de mayor importancia para el virreinato, con cerca de seis mil soldados, había optado por segunda ocasión por el nacimiento de una nueva nación.

GLOSARIO

Alhóndiga. Casa pública destinada para la compra y venta de granos.

Arbitrio. Facultad para adoptar una resolución con preferencia a otra.

Bachiller. Antiguamente se le llamaba a la persona que recibía el primer grado académico en la universidad.

Bando. Edicto solemnemente publicado.

Bayoneta. Arma blanca que se adapta exteriormente junto a la boca del fusil.

Cónclave. Junta o congreso de gentes que se reúnen para tratar algún asunto.

Criollo. Descendiente de padres europeos, pero nacido en América.

Edicto. Escrito que se fija en sitios públicos o de interés específico.

Escaramuza. Contienda de poca importancia.

Fuerte. Lugar construido para resistir los ataques del enemigo.

Fusil. Arma de fuego empleada por los soldados de infantería.

Gachupín. Expresión despectiva del español establecido en América.

Garita. Torre pequeña que se coloca en los puntos salientes de las fortificaciones, para que los vigilantes puedan ver quién entra y sale.

Intendencia. Gobierno de un lugar.

Plan. Escrito en el que se señalan los detalles para lograr un objetivo.

Prócer. Persona constituida en alta dignidad.

Vecino. Que habita con otros en un mismo lugar.

Vituperio. Acción que causa afrenta o deshonra.

FUENTES CONSULTADAS

ALANIZ, Sebastián. *Mujeres por la Independencia*. Lectorum. México. 2009.

Albino García: biografía (en línea). www.bicentenario.guanajuato.gob.mx.Consultado el 19 de junio de 2010.

Anacleto Francisco de Torres: reseña (en línea). www.angamacutiro.gob.mx. Consultado el 12 de diciembre de 2009.

ARMENDÁRIZ, Pedro. *Muerte de los Señores Generales Cura Don Miguel Hidalgo y Costilla, Don Ignacio Allende, Aldama, Jiménez y Santamaría.* Archivo General del Gobierno del Estado de Guanajuato. México. 2003.

BAZ, Gustavo. *Miguel Hidalgo y Costilla, Ensayo histórico- biográfico.* Archivo General del Gobierno del Estado de Guanajuato. México. 2003.

BELTRAN ACOSTA, Rubén. *La ciudad de Chihuahua y los Insurgentes Olvidados*: apuntes del cronista de la ciudad de Chihuahua. México. s/f.

BUSTAMANTE, Carlos María de. *Cuadro histórico de la Revolución Mexicana,* Tomo IV (digital). Imprenta de J. Mariano Lara. México. 1844.

CASTILLO LEDÓN, Luis. *Hidalgo la vida del héroe.* FCE / Cámara de Diputados. México. 2003.

CONEJO RUBIO, Aurelio. *Hidalgo en el Sureste de Guanajuato*. En: Memorias del Congreso, Tomo II: Don Miguel Hidalgo y Costilla y su Lucha Libertaria de México. Archivo General del Gobierno del Estado de Guanajuato. México. 2003.

DÍAZ DE LEÓN, Jesús. *La Prisión de Hidalgo*. Archivo General del Gobierno del Estado de Guanajuato. México. 2003.

Diccionario Encarta (CD-ROM). Microsoft Corporation. EE.UU. 2007.

Diccionario de la Lengua Española (en línea). Real Academia Española. España. 2001. www.drae. rae.es. Consultado el 29 de agosto de 2010.

FIERRO, Luis Alonso. *Edificarán monumento en honor a insurgentes*. En: Diario de Chihuahua (en línea). México. 27 de abril de 2010.

www.eldiariodechihuahua.com.Consultadoel10de agosto de 2010.

FUENTE, José M. de la. *Hidalgo íntimo* (digital). Tipografía Económica. México. 1910.

FUENTES AGUIRRE, Armando "Catón". *La otra historia de México, Hidalgo e Iturbide, La gloria y el olvido.* Editorial Diana. México. 2008.

Fusilamiento de Miguel Hidalgo y Costilla: reseña (en línea). www.bicentenario.gob.mx. Consultado el 9 de agosto de 2012.

GUTIÉRREZ, Cirilo. *Hidalgo* (digital). Imprenta del Gobierno a cargo de Gilberto A. de la Garza. Chihuahua, México. 1904.

LARA GONZÁLEZ, Benjamín. *La Insurgencia en el Bajío.* Archivo General del Gobierno del Estado de Guanajuato. México. 2003.

LARA VALDÉS, José Luis. *Casa de Hidalgo en San Felipe, Gto. La Francia Chiquita*. Archivo General del Gobierno del Estado de Guanajuato. México. 2003.

MARTÍNEZ ÁLVAREZ, José Antonio. *Guanajuato en la Guerra de Independencia*. Archivo General del Gobierno del Estado de Guanajuato. México. 2003.

MORALES ANGUIANO, Juan Pablo. *Agustín de Iturbide* en Colección Los Grandes Mexicanos. Grupo Editorial Tomo. México. 2003.

MUSEO LEGISLATIVO LOS SENTIMIENTOS DE LA NACIÓN. *Homenaje a Hidalgo* (digital). México. 2003.

OSORNO CASTRO, Fernando. *El insurgente Albino García*. Archivo General del Gobierno del Estado de Guanajuato. México. 2003.

PALACIO, Celia del. *Adictas a la insurgencia.* Punto de lectura. México. 2010

RAMÍREZ LÓPEZ, Ignacio. *Semblanza humana del padre de la patria.* Archivo General del Gobierno del Estado de Guanajuato. México. 2003.

RAMOS, Roberto. *Libros que leyó Don Miguel Hidalgo y Costilla.* Archivo General del Gobierno del Estado de Guanajuato. México. 2003.

RIONDA ARREGUÍN, Isauro. *Don Miguel Hidalgo y Costilla en la intendencia de Guanajuato.* Archivo General del Gobierno del Estado de Guanajuato. México. 2003.

_____, *Pedro Moreno, Francisco Javier Mina y los fuertes del Sombrero y Los Remedios en la insurgencia guanajuatense: 1817.* Ediciones La Rana / Universidad de Guanajuato. México. 2011.

RIVERA, Agustín. *Anales de la Vida del padre de la Patria Miguel Hidalgo y Costilla* (digital). Imprenta de Leopoldo López. México. 1910.

RIVERA DE LA TORRE, Antonio. *Francisco Javier Mina y Pedro Moreno, caudillos libertadores* (digital). Departamento Editorial de la Dirección General de Educación Pública. México. 1917.

ROBINSON DAVIS, William. *Memorias de la revolución de Mégico y de la espedición del general D. Francisco Javier Mina* (digital). R. Ackerman. México. 1824.

SERRANO O, José *Antonio. El ascenso de un caudillo en Guanajuato: Luis de Cortázar, 1827-1832* (digital). El Colegio de México. México. s/f.

SOSA, Francisco. *Don Miguel Hidalgo y Costilla.* Archivo General del Gobierno del Estado de Guanajuato. México. 2003.

TAIBO II, Paco Ignacio. *El cura Hidalgo y sus amigos, 53 viñetas de la guerra de independencia.* SEP, Libros del Rincón. México. 2007.

TRUJILLO MACÍAS, Marcial. *José Antonio Torres: unnombreparadoshéroesmenospreciados por la historia.* En: Suroeste de Guanajuato, No. 108. México. 15 de febrero de 2007.

_____. *Pénjamo en la Guerra de Independencia.* Edición del autor. México. 2010.

VARGAS, Fulgencio. *Granaditas y su proceso histórico.*ArchivoGeneraldelGobiernodelEstadode Guanajuato. México. 2003.

VÁZQUEZ, Josefina Zoraida. *"De la independencia a la consolidación republicana"* en *Nueva historia mínima de México.* SEP / El Colegio de México. México. 2004

VIDAURRI ARÉCHIGA, José Eduardo. *Testimonios sobre la toma de Guanajuato.* Archivo General del Gobierno del Estado de Guanajuato. México. 2003.

VILLALPANDO, José Manuel. *Miguel Hidalgo* en Colección Grandes Protagonistas de la Historia Mexicana. Editorial Planeta DeAgostini. México. 2002.

_____. *La Independencia de México en su bicentenario*: conferencia (en línea). En: curso radiofónico sobre la Independencia de México. INEHRM-IMER. México. 2010. www.bicentenario. gob.mx. *Consultado 4 de agosto de 2010.*

VILLASEÑOR Y VILLASEÑOR, Alejandro. *Biografías de los héroes y caudillos de la Independencia* (digital). Imprenta "El Tiempo" de Victoriano Agüeros. México. 1910.

ZARATE, Julio. *Compendio General de México a través de los siglos*, Tomo III. Editorial del Valle de México. México. 2001.

ÍNDICE

CPSIA information can be obtained at www.ICGtesting.com
Printed in the USA
LVOW10s0335180914

404589LV00001B/79/P